NOTICE

SUR LA PLANTATION

DE L'ARBRE DE LA LIBERTÉ

ET

sur le Club qui eut lieu le lendemain 27 mars 1848,

A MITRY-MORY,

Canton de Clayé (Seine-et-Marne).

PARIS

IMPRIMERIE MAULDE ET RENOU

Rue Bailleul, 9 11.

1848

NOTICE

SUR LA PLANTATION

DE L'ARBRE DE LA LIBERTÉ

A MITRY

Canton de Claye, arrondissement de Meaux (Seine-et-Marne)

Le 26 mars 1848,

et le bal qui eut lieu le lendemain 27 mars.

Les habitants de la commune de Mitry-Mory sont étonnés d'un spectacle auquel ils ne s'attendaient pas, malgré qu'il sympathise entièrement avec leurs sentiments : leur étonnement vient de ce que M. l'abbé Réaume, desservant de la commune de Mitry-Mory, a partagé les intentions des autorités administratives et de la garde nationale, pour faire planter l'arbre de la liberté, hier, à l'issue des vêpres, sur la place publique, vis-à-vis l'église; cependant, cet étonnement n'est plus aussi grand, quand l'on considère que M. l'abbé Réaume n'a pu participer à cette cérémonie que par un motif d'in-

1848

[illegible]

DE LA [illegible] DE LA LUNE

de la [illegible] ... fondateur [illegible]

[illegible]

[illegible]

IMPRIMERIE [illegible] DE [illegible]
[illegible]

térêt personnel, à cause des antécédents de sa conduite religieuse , et de ses opinions anti-républicaines qui en sont la conséquence ; que M. l'abbé Réaume n'a pris part à cette œuvre patriotique , que parce que quelques jours avant il avait annoncé lui-même dans l'église qu'un club électoral (à sa manière), présidé par lui, aurait lieu, le lundi soir, 27 mars, à sept heures et demie, dans l'école communale.

Après avoir béni l'arbre de la liberté et l'avoir *embrassé*, il rappela aux assistants que le lendemain il se rendrait à la réunion qu'il avait provoquée pour s'y faire entendre.

Les bruits courant du pays sur le peu de confiance qu'on avait de ses idées républicaines, lui firent dire, au pied de l'arbre , que tous ceux qui disaient qu'il ne fallait pas croire à la sincérité de ses sentiments en avaient *menti*, expression peu convenable de la part d'un prêtre , mais qui, du reste, n'a étonné personne de celles qui le connaissent ; car, dans la chaire évangélique même , il lui arrive souvent d'employer des expressions bien plus irritantes encore.

M. Réaume, d'après les bruits courants , comme il est dit ci-dessus, changea d'idée. Non seulement il ne se présenta pas à la réunion, mais il en fit fermer les portes ; c'est alors que près de trois cents électeurs arrivèrent et se les firent ouvrir par ordre de M. Bernier, capitaine de la garde nationale et délégué au comité électoral du département, tous venus pour combattre les idées du desservant, car il avait, les jours précédents, rendu visite à des électeurs de la commune, disant qu'il fallait écarter de l'assemblée constituante Lafayette (Oscar), Drouyn de Lhuys, Portalis, Botot et autres candidats proposés par les comités du département de Seine-et-Marne, parce qu'ils étaient tous des propriétaires ; qu'il n'en fallait qu'un, et qu'on pourrait seulement maintenir Lafayette (Georges); que les suffrages devaient se porter sur la classe ouvrière de chaque localité, ainsi que sur le clergé qui avait toujours été le protecteur des malheureux. On apprit que M. l'abbé Bautin, supérieur, M. l'abbé Noblet, professeur à l'abbaye et collége de Juilly, canton de Dammartin (Seine-et-Marne), étaient des personnes recommandées par M. l'abbé Réaume pour arriver à l'assemblée constituante. On apprit aussi que ce M. l'abbé Noblet avait eu l'inconvenance de payer à boire, dans un cabaret de Mitry, à des électeurs qu'il avait envoyé chercher dans le but de les influencer en faveur de son parti.

Cependant, il était presque huit heures et demie, et M. l'abbé Réaume n'arrivait pas, malgré qu'on l'eût envoyé chercher (sa demeure est dans le même bâtiment que l'école primaire, et cinq minutes suffisaient pour qu'il s'y rendît de chez lui).

Enfin, il se rend à l'invitation qui lui avait été faite. Un profond silence règne, M. Bernier, capitaine de la garde nationale et délégué du canton de me suis pas trompé en vous disant tout à l'heure que ce pamphlet était calomniateur, car l'abbé Réaume a tourné en ridicule, au dernier degré, l'action de M. Mignot, qui, suivant lui, aurait dû s'abstenir d'assister à l'inhumation de cette femme, en la laissant conduire au cimetière comme un animal qui est traîné à la voirie.

« Messieurs, si vous m'autorisez à vous faire la lecture de ce fameux pamphlet, vous reconnaîtrez la véracité des paroles que je viens de prononcer. »

L'assemblée ayant applaudi la proposition, lecture fut donnée de ce que contenait le journal le *Constitutionnel* du 24 août 1847, auquel nous renvoyons les personnes qui voudraient en avoir connaissance.

Après cette lecture, M. A... continua en ces termes :

« Au surplus, Messieurs, vous ne devez considérer dans les manifestations de l'abbé Réaume que l'ambition cachée sous le voile du mensonge et de l'hypocrisie ; car, quel est le but de ces manifestations si trompeuses?... c'est de faire croire aux honnêtes gens que le clergé est animé en ce moment des sentiments les plus patriotiques et qu'il mérite de prendre part aux délibérations de l'Assemblée constituante qui est sur le point d'être formée, par la nomination d'hommes sincèrement dévoués à la République et aux intérêts de toutes les classes de la société.

« Mais désabusez-vous sur le compte des hommes perfides, qui, en général, composent le clergé : l'histoire de tous les temps et de tous les pays donne la preuve de leur conduite abominable et du danger qu'il y a de les admettre dans les affaires d'État. Nous allons citer pour exemples principaux : 1° le massacre de la Saint-Barthélemy arrivé en 1572, où plus de trois cent mille protestants furent égorgés en France, à la même heure, par le fanatisme religieux, sous le règne de l'infâme Charles IX ; 2° le meurtre d'Henri III par Jacques Clément, moine jacobin et jésuite, arrivé le 31 juillet 1589 ; 3° l'assassinat d'Henri IV, le 14 mai 1610, par le poignard de Ravaillac, dominicain et jésuite ; 4° le crime commis par le fanatique Damien, aussi jésuite ; 5° les intrigues des cardinaux-ministres Richelieu et Mazarin, sous Louis XIII et Louis XIV, d'où résulta la révocation de l'édit de Nantes et l'émigration de cent mille familles, qui sortirent de la France en emportant leurs richesses à l'étranger, ce qui fut la cause incessante de la révolution de 1789, par le mauvais état des finances ; 6° la mort de Louis XVI, victime de l'obstination du clergé à ne pas vouloir supporter le tiers de la dette publique, sous le prétexte ridicule qu'il ne pouvait pas engager le domaine de saint Pierre qui, sans doute, ne recevait du clergé aucune location ni contribution, et qui ne prenait aucune part aux excès qu'il faisait avec ses revenus.

« En outre, voyez la conduite du clergé dans les

affaires de la République suisse, qui viennent de se passer récemment, où le Sunderbund, composé de sept cantons sur vingt, avait, par l'influence des jésuites, auxquels il avait donné refuge, fomenté la guerre civile et le renversement de cette République, si le secours de notre saint Père le Pape Pie IX, n'avait pas apporté un prompt remède aux maux qui allaient anéantir la Suisse.

« Voyez enfin ce qui se passe en ce moment à Toulouse (Haute-Garonne), où la Cour d'assises s'occupe du jugement d'un individu, nommé le frère Léotade, faisant partie d'une communauté religieuse et séminariste, prévenu de viol et d'assassinat sur la personne de la demoiselle Cécile Combettes, âgée de 13 ans et demi, appartenant à une honorable famille de la ville.

« En rapprochant ces malheureux événements, vous ne devez voir, Messieurs, dans le clergé en général, mais principalement dans l'abbé Réaume, que des hommes qui, sous le masque de notre vénérable religion, cherchent à cacher l'hypocrisie la plus noire et voudraient en imposer par l'apparence d'un faux désintéressement et par l'apparence de toutes les vertus possibles.

« N'ajoutez donc aucune foi aux manifestations de l'abbé Réaume, exprimées hier, en *baisant* l'arbre de la liberté comme fit Judas en donnant un baiser à Jésus-Christ, pour, ensuite, le livrer à Ponce-Pilate et le faire crucifier.

« Ne croyez pas aux sentiments trompeurs de l'abbé Réaume... N'avez-vous pas la preuve de sa conduite très reprochable depuis qu'il desserre la paroisse de Mitry-Mory ; qu'il a menti en disant que le temple de Dieu avait toujours été ouvert au pauvre comme au riche. La preuve du contraire est, de sa part, en empêchant l'indigent d'honorer les morts par le son des cloches, sans une rétribution injuste, ce qui n'avait pas eu lieu du temps de ses prédécesseurs ; en refusant la sépulture et les dernières prières au père Chapotel, vieillard de Mory, parce qu'il n'avait pas rempli quelques devoirs que la manière d'administrer de l'abbé Réaume lui prescrivait ; en insultant d'une manière scandaleuse pour toute la commune l'honorable M. Pasteur et sa famille, qui, pour son amusement et gratuitement, touchait depuis quarante ans l'orgue, et le fit remplacer.

« Tout ce qui vient d'être dit vous démontre, Messieurs, que l'abbé Réaume, ressemblant à la généralité de ses confrères, ne possède pas les vertus qu'exige le devoir sacré de son ministère, surtout la tolérance et la charité ; encore moins les sentiments si nécessaires en ce moment de liberté, d'égalité et de fraternité.

« En résumé, l'égoïsme religieux fait que les prêtres n'aiment qu'eux, rien qu'eux, et que les ouvriers qui font partie de cette assemblée ne doivent avoir aucune confiance dans les promesses du clergé qui a toujours voulu que toutes les classes de la société fléchissent le genou devant son indomptable despotisme.

« Et vous tous, qui faites partie de la classe ouvrière, au lieu de vous laisser aller à des paroles de séduction, armez-vous de patience et de courage ; ayez confiance dans les dispositions qui seront prises incessamment à votre égard par l'Assemblée constituante ; déléguez-y, par vos suffrages prudemment combinés, des hommes honnêtes et expérimentés, pris parmi vous, et qui ayant suffisante instruction, puissent vous représenter utilement ; mais surtout et avant tout, ne vous laissez pas égarer par les insinuations perfides de tous ceux qui appartiennent au clergé ou qui en dépendent : voyez en eux des êtres qui vous flattent en ce moment par de vaines promesses, afin de réunir vos suffrages pour arriver au pouvoir, vous anéantir ensuite, ainsi que les autres classes de la société, puis, être les maîtres de tout.

« Nous pouvons ajouter que l'abbé Réaume n'a jamais aimé la classe ouvrière, et que ses manifestations sont fausses et n'existent que depuis la Révolution qui vient d'avoir lieu ; en effet, les expressions dont il s'est toujours servi dans la chaire évangélique contre les ouvriers de Mitry-Mory le prouvent évidemment, en ne conservant aucune bienséance sociale et se permettant même de montrer au doigt des personnes estimables, dans la crainte que ses inconvenances ne soient pas suffisamment comprises. Ne l'a-t-on pas même vu, dans certains cas, prêcher l'Evangile avec le Code pénal à la main : ce qui prouve que ce n'a jamais été par la persuasion, mais par la violence, qu'il a continuellement exercé son empire à Mitry depuis qu'il y est desservant. »

Après ce discours, vivement applaudi par toute l'assemblée, l'abbé Noblet, dont il a été parlé, est monté à la tribune en protestant de son intérêt personnel dans la démarche qu'il faisait. Il a dit qu'il ne se présentait que dans les intérêts de la classe ouvrière et du clergé; qu'il avait été ouvrier lui-même, fils d'un maître de poste, et qu'il avait porté la blouse qu'il aimait de toute son âme ; enfin, il entama un discours dans le même sens que celui de son digne confrère l'abbé Réaume. Mais n'ayant pu répondre à l'interpellation qui lui fut faite par M. Bernier, capitaine de la garde nationale, de dire pourquoi il avait écrit une lettre aux électeurs, qui était sur le bureau, par laquelle il prétendait à la candidature, puisqu'à l'instant il venait d'annoncer qu'il ne parlait pas dans son intérêt personnel ; mais ayant bien su répondre à une autre interpellation qui lui fut faite au sujet des inhumations ; qu'à son avis, l'Eglise ne devait pas recevoir dans son sein, après leur mort, des individus qui n'étaient que mariés civilement, parce que leur union ne devait être considérée que comme un concubinage ; qu'au surplus, il ressemblait au militaire qui a un chef auquel il doit obéir : on lui fit observer que pour arriver à l'Assemblée constituante, il fallait des hommes libres, et que dès lors il ne devait pas prétendre à cet honneur.

Alors, M. l'abbé Noblet, tout honteux et confus, descendit de la tribune, et jura, sans doute, comme le corbeau de la fable, qu'on ne l'y reprendrait plus.

Ainsi finit la pièce, et l'assemblée se retira en bon ordre aux cris de : *Vive la République!!!*

Fait à Mitry-Mory, le 27 mars 1848.

A....., *géomètre, électeur, à Mitry.*

Exploits de M. Mignot, maire et curé, laboureur et philosophe tout à la fois.

Encore une sépulture municipale ! Décidément le ridicule atteint son paroxysme dans les têtes municipales ; c'est une épidémie. Depuis que MM. les maires donnent dans la philosophie, ils sont devenus une espèce vraiment curieuse à étudier. Jusqu'à présent le magistrat villageois, haussant son bonnet de coton, se contentait de dire fièrement : La commune, c'est moi ! Mais qui peut contenir l'ambition de ces nouveaux Césars par la grâce de M. le préfet ? Aujourd'hui ils montent sur le bout de leurs pieds en criant : Le curé, la religion, c'est moi ! Exemple : La commune de Saint-Souplet, aux diocèse et arrondissement de Meaux, a le bonheur de posséder pour maire le sieur Mignot, laboureur et essentiellement philosophe. Ce digne homme, qui lit le *Constitutionnel* autant qu'il sait lire, avait suivi à peu près la relation poétique des grands événements de Périgueux, et ce récit avait enflammé son courage ; il jura par toutes les colonnes de son journal, que le maire de Périgueux n'aurait pas de l'esprit tout seul, et qu'il le ferait bien voir. L'occasion se présente, et il la saisit avec une merveilleuse ardeur. En voici l'occasion : une femme, mariée civilement, mourut le 22 de ce mois, après avoir refusé au curé la réparation du scandale occasionné par son union purement civile. Aux termes du réglement et par la disposition expresse de l'évêque, le curé dut refuser la sépulture ecclésiastique. Les parents allèrent trouver le maire, le sieur Mignot, qui répondit avec joie et assurance : Je m'en charge. Le lendemain, jour de l'inhumation, il convoque deux chantres et le bedeau, ceint son écharpe tricolore, et se rend à la maison mortuaire. Il jette gravement de l'eau bénite sur le corps de la défunte, et fait réciter le *De Profundis* sans y prendre part, parce qu'il ne sait pas lire le latin. Ensuite on se met en marche vers l'église pour y chanter les vêpres, savoir, le bedeau tenant le devant, le maire s'avançant triomphalement flanqué de ses deux chantres, le corps mort et les assistants dûment édifiés et recueillis. Le curé, averti à temps, se fit remettre les clés de l'église, et le convoi fut obligé de passer outre. Lorsqu'on arriva au cimetière, on s'aperçut que l'eau bénite manquait : M. le maire en envoya quérir, puis il aspergea trois fois la fosse, au chant du *Miserere* et du *De Profundis ;* l'*Oremus* seul manqua, toujours par la difficulté du latin. La cérémonie terminée, l'assistance se retira en bon ordre.

Nous ne demanderons pas si cette parodie des cérémonies religieuses constitue un délit que la loi poursuit et punit : le ridicule qui s'y attache nous paraît un châtiment suffisant et le seul même qui soit efficace. Comme on ne peut s'empêcher de voir une relation étroite entre deux faits de même nature, nous tâcherons d'établir le parallèle entre le héros périgourdin et celui de Saint-Souplet. Le premier, avec son boulanger, ne fait que chanter un pauvre *Miserere ;* pas une goutte d'eau bénite, pas d'aspersion de la fosse..., on ne pense pas à tout. Mais contemplez M. Mignot, et son bedeau, et ses deux chantres, et son goupillon pendant à son écharpe tricolore, et ses *Libera* et ses *De Profundis;* voilà un maire-pontife ! voilà de la science liturgique, de l'aplomb, de la tenue. Décidément le Périgourdin n'est que de la Saint-Jean, vive Mignot ! Si vous objectez qu'il n'a point enfoncé les portes, crocheté la serrure de l'église et fait parader son corps mort au beau milieu du chœur, je réponds à cela : Donnez à M. Mignot un bon commissaire de police et cent baïonnettes, et vous verrez !

Je riais de bon cœur au récit officiel que je viens de transcrire fidèlement, lorsqu'un *chrétien* s'en scandalisa et me dit d'un air consterné ! Quoi ! vous riez de pareils faits ! hé ! que va donc devenir la réligion ? Je fis une pirouette en jetant cette réponse à mon interlocuteur : Les chrétiens qui pensent que l'existence de la religion et ses succès peuvent être compromis par une mascarade, par les bouffonneries de M. Mignot et consorts, sont des chrétiens comme il y en a trop, et j'en ai grand pitié. Sachez qu'à Périgueux comme à Saint-Souplet, les deux municipaux seraient très fâchés qu'on leur jouât le même tour. La religion, se retrouvant à leurs funérailles, gémira seulement de ce que le retour de leur folie n'aura pas guéri leurs successeurs.

L'abbé RÉAUME.

A M. RÉAUME,

Curé de Mitry, philosophe d'une secte inconnue.

MONSIEUR,

Voilà bientôt deux mois que vous avez fait paraître dans la *Voix de la vérité,* un travail d'esprit à votre manière, où la noire calomnie se dresse contre tous les administrateurs communaux, et en particulier sur M. Mignot, maire de Saint-

Souplet. Moi qui ne suis ni curé ni philosophe, mais tout simplement maire et pauvre laboureur, j'ai demandé quelques pensées à mon bonnet de coton pour vous répondre ; vous voyez que mon bonnet blanc est lent à donner, mais il donne, et vous connaissez le proverbe : Mieux vaut tard que jamais.

Voulez-vous que nous analysions votre petit pamphlet, M. l'abbé ; je vous entends dire, non : tant mieux, vous avez réfléchi depuis votre déchaînement, et vous avez vu que la médisance, cette furie mensongère couvrait toutes vos lignes, mais la réflexion, est la fille du lendemain, et tant pis pour vous, c'est un chapitre, qui en chaire, vous manquera, où vous ne seriez plus conséquent avec vous-même. Vous avez écrit, vive Mignot ! et moi je dis, vive les conférences religieuses ! puisqu'elles nous amusent. Rions donc ensemble de la bombe que vous nous avez jeté à la tête ; quel éclat pour moi ! elle m'a égratigné ; et, pour me guérir, j'y ai mis un peu d'encre. Vous qui êtes médecin à double titre, que dites-vous du médicament ? Est-il bon, répondez, pour Dieu ! Ecoutez-moi encore, si je ne vous lasse pas trop : votre religion, ou plutôt la philosophie chrétienne est belle, mais il faut savoir la comprendre ; elle est assise sur la tolérance, c'est une base solide qu'aucune force ne pourrait détruire, si vous aviez soin de l'étayer de temps à autre ; mais si chaque jour vous lui donnez un coup, elle finira par briser son âme : vous le savez, la goutte d'eau use le roc le plus dur, Ai-je raison ? suis-je à côté de la vérité ? dites ! Ah ! si l'Homme-Dieu, qui a donné à la terre son lien social, revenait sur notre morceau de boue, il détruirait une partie de votre caste, j'en suis sûr ; il dirait à de nouveaux Apôtres : Allez, et dites au monde ce que j'ai dit déjà ; aimez vos amis, faites du bien à vos ennemis, soyez indulgents, pardonnez tout, et Dieu vous bénira. Voilà la morale que je suis obligé de vous apprendre, à vous, M. Réaume, qui riez de la mort, qui faites d'un enterrement une masca-

rade, une bouffonnerie ; faites une pirouette, et cachez vous:
la société l'exige, car vous n'appréciez pas la sainteté de
votre mission.

Un nouveau César en bonnet de coton.

P.-S. — Ne voyez point dans cette lettre une défense par-
ticulière, mais bien une défense générale, et sachez enfin que
toute corporation a ses abus ; que les uns comprennent mal
leurs devoirs, et que les autres marquent leur passage par
des taches noires que rien n'efface.

Paris. — Imprimerie Maulde et Renou,
rue Bailleul, 9-11.